LE GORILLE
A BONNE MINE

PAR Franquin

I. S. B. N. 2 - 8001 - 0013 - 3

DUPUIS

MARCINELLE-CHARLEROI / PARIS / MONTREAL / BRUXELLES / SITTARD

LES ACTEURS:

SPIROU, FANTASIO ET **SPIP** SUIVENT AVEC OBSTINATION UNE IDÉE QU'ILS CROYAIENT INOFFENSIVE...

LE MARSUPILAMI TOUJOURS DU VOYAGE, À LA FÊTE DANS LES COUPS DURS.

BADMAN — ADMINISTRATEUR, ABUSE UN PEU DU WHISKY.

LEBON ET **LEBLOND** LES INGÉNIEURS D'UNE MINE OÙ TOUT NE TOURNE PAS ROND.

LES WAGUNDUS

ET UN NOMBRE INQUIÉTANT DE DISPARUS....

AU CRÉPUSCULE, LES RUES DES VILLES SONT PLEINES DE GENS INDIFFÉRENTS ET MORNES... ILS ONT LE DOS ROND ET L'ŒIL ÉTEINT PAR LA ROUTINE....

PARFOIS, CEPENDANT, ON VOIT QUELQU'UN QUI EST DIFFÉRENT...

PARDON!

CETTE DÉMARCHE VIVE, CE REGARD BRILLANT D'INTELLIGENCE, NE TROMPENT PAS: CE GARÇON A UNE GRANDE IDÉE!

BONSOIR, MONSIEUR DUPOIL, JE VIENS VOIR SI...

OUI, MONSIEUR FANTASIO, C'EST PRÊT!

C'EST LA PREMIÈRE FOIS QUE J'EXÉCUTE UN TRAVAIL DE CE GENRE, MAIS...JE CROIS QUE C'EST UNE RÉUSSITE...

VOUS,VOUS ÊTES DONNÉ BIEN DU MAL, MONSIEUR DUPOIL !

JE SUIS TROP HEUREUX DE CONTRIBUER AU SUCCÈS DE VOTRE PASSIONNANTE EXPÉDITION,MONSIEUR FANTASIO !

C'EST UN MIRACLE D'EN AVOIR TROUVÉ UNE !... ET QU'ELLE SOIT PRÊTE À TEMPS !... AH ! SPIROU SERA-T-IL AU RENDEZ-VOUS ?

LÀ ! JE CROIS QUE C'EST LUI...

EH BIEN, VIEUX, CE RODAGE, ÇA VA ?

OH ! ENCORE CINQ CENTS KILOMÈTRES...DIS DONC, METS CETTE BOÎTE DERRIÈRE...QU'AS-TU LÀ-DEDANS ?

TUTUT ! C'EST MON SECRET ! TU VERRAS ÇA LÀ-BAS...

COMMENT ?! TU VAS EMPORTER CET ÉNORME MACHIN ?!? NON MAIS, TU T'IMAGINES QUE NOUS AURONS TROP DE PLACE ? IL Y A LE MATÉRIEL DE CAMPING, LES VÊTEMENTS, LA CUISINE AVEC LES VIVRES, LA RÉSERVE D'ESSENCE

...IL Y A LE MARSUPILAMI, SPIP... ET J'OUBLIE LES ARMES ET TOUT LE MATÉRIEL PHOTOGRAPHIQUE

...ENFIN, NOUS VERRONS...! MAIS QUELLE EXPÉDITION !

AH HA ! OUI ! JE VOUDRAIS ÊTRE PLUS VIEUX DE DEUX MOIS...

DEUX MOIS PLUS TARD...

ÇA C'EST UNE GUIGNE : LA SAISON DES PLUIES COMMENCE PLUS TÔT QUE PRÉVU !!!

VITE AUX OUTILS !!! IL FAUT SE DÉSEMBOURBER ET PASSER LA RIVIÈRE AVANT QU'ELLE NE SOIT TROP HAUTE !!!

HOUBA HOUBA HOP!

SPROTCH

STRITCH

5

NOTE QUE JE NE SUIS PAS FÂCHÉ DE CONSTATER QUE LE PATELIN EST HABITÉ...

HEP! 'TENTION UN CAMION!!

LÀ! LÀ! TU VOIS! MON VIEUX, CECI SERAIT LA MINE D'OR DE MOLOMONGA QUE ÇA NE M'ÉTONNERAIT PAS!!

PARDON, MONSIEUR, C'EST BIEN ICI MOLOMONGA? NOUS CHERCHONS MONSIEUR BADMAN....

_C'EST MOI! VOUS ÊTES MESSIEURS SPIROU ET FANTASIO? SAPRISTI! ENTREZ...

SI J'AVAIS SU QUE VOUS ARRIVIEZ AUJOURD'HUI, JE SERAIS ALLÉ À VOTRE RENCONTRE... VOUS ÊTES DANS UN BEL ÉTAT! VOUS AVEZ DE QUOI VOUS CHANGER?

VOUS COMMENCEZ À CROIRE QUE VOUS AURIEZ MIEUX FAIT DE RESTER CHEZ VOUS, NON?

BWANA BWANA

?

VIMA VIKALI!! EUX VENIR ET EMPORTER TROIS WATUS!!!

DÉSOLÉ, IL FAUT QUE J'AILLE AU VILLAGE INDIGÈNE....JE VAIS VOUS MONTRER VOS CHAMBRES ET LA SALLE DE BAIN.

GRANDS SINGES PRENDRE ENCORE TROIS HOMMES!!

UNE DEMI-HEURE PLUS TARD...

TOUT VA BIEN, LA PLUIE A CESSÉ...

MMM...COMME IL EST AGRÉABLE DE SE SENTIR PROPRE

AH! VOICI LES VAILLANTS EXPLORATEURS!

NOUS ADMIRONS VOTRE COURAGEUSE VOITURE...MAIS QUI A PU VOUS CONSEILLER DE PASSER VOS VACANCES À MOLOMONGA !?!

HA HA HA!

HOUBA! HOUBA!

HA HA HA HA HA!

清ㄑ!!

MON NOM EST LEBLOND... ET VOICI MON COLLÈGUE LEBON... NOUS SOMMES LES INGÉNIEURS DE CETTE MISÉRABLE MINE. VENEZ DONC PRENDRE UN WHISKY...

OUI, VOUS NOUS DIREZ CE QUE VOUS ÊTES VENUS CHERCHER DANS CE FICHU PAYS !!

...OUI, MONSIEUR BADMAN A ACCEPTÉ DE NOUS GUIDER: NOUS VOULONS GAGNER LE KILIMAKALI ET ENTREPRENDRE L'ASCENSION PAR LA FACE SUD...

...NOUS ALLONS ESSAYER DE RENCONTRER DES GORILLES! CAR NOUS SOMMES VENUS POUR PHOTOGRAPHIER DES GORILLES CHEZ EUX!

DES GORILLES ?!!... AH! MESSIEURS, JE VAIS VOUS DÉCEVOIR, MAIS... IL N'Y A JAMAIS EU DE GORILLES SUR LES FLANCS DU KILIMAKALI!

HMM...JE NE SUIS PAS DE CET AVIS...EN EFFET, IL Y A EU LÀ QUELQUES GORILLES DE MONTAGNE ...MAIS IL Y A UN QUART DE SIÈCLE QU'ILS ONT ÉTÉ EXTERMINÉS ! UNE CHOSE EST CERTAINE : IL N'Y EN A PLUS !

MAIS ...AH ! VOUS M'ÉTONNEZ ! NOUS AVONS BIEN ÉTUDIÉ LA QUESTION AVANT DE CHOISIR LE KILIMAKALI, ET...

CROYEZ PLUTÔT NOTRE EXPÉRIENCE DE LA RÉGION !

MAIS... MONSIEUR BADMAN NOUS A AFFIRMÉ

JE VOIS ! ENCORE UN COUP DE BADMAN...

MESSIEURS, JE NE VOUDRAIS PAS MÉDIRE DE LUI, MAIS.....JE DOIS VOUS AVERTIR... BADMAN A LAISSÉ SES SENS AU FOND D'UNE BOUTEILLE !...VOUS ME COMPRENEZ... C'EST UN DANGEREUX RÊVEUR ...JE NE VOUS EN DIS PAS PLUS...

NON, MESSIEURS, VOUS PERDEZ VOTRE TEMPS ICI...DESCENDEZ VITE CENT KILOMÈTRES PLUS AU SUD...AVANT LA PLEINE SAISON DES PLUIES : FAITES L'ASCENSION DU KARISIMBI : LÀ, VOUS AVEZ DES CHANCES ....

EUH...MERCI ! HOLÀ...

PLUS TARD

TU TE RENDS COMPTE !?! S'ILS DISENT VRAI, NOUS AVONS FAIT TOUT CE VOYAGE POUR DES PRUNES !!

IL FAUT SAVOIR S'IL Y A DES GORILLES...

HOUBA ?

KIMYA ! NYAMAZENI !

AH ! VOICI LES DEUX GRANDS CHASSEURS DE GORILLES QUI SONT VENUS SPÉCIALEMENT... ILS PARTENT DEMAIN AVEC MOI DANS LA MONTAGNE....

? ?

ILS TROUVERONT LE REPAIRE DES GRANDS SINGES.... N'EST-CE PAS, GRANDS CHASSEURS ?...

EUH...

NDIYO ! GRANDS SINGES PRENDRE D'ABORD BWANA MUGANGA ZWART...ET PUIS PRENDRE HOMMES ENCORE ET ENCORE... HOMMES JAMAIS REVENIR PARCE QUE...

... GRANDS SINGES MANGÉ .... VOUS TUER GRANDS SINGES ! PIGENI ! FISHENI ! TUER ! FISHENI !

FISHENI !

WACHAWI WAKUBWA !*

EUH...OUI, CET ANIMAL PARLE DE TEMPS À AUTRE...

QUEL PHÉNOMÈNE !... BON ! MESSIEURS, JE VOUS DOIS DES EXPLICATIONS... VOUS AVEZ ÉVIDEMMENT DEVINÉ QU'IL Y A UN MYSTÈRE À MOLOMONGA...

* GRANDS SORCIERS !

...LE PREMIER INCIDENT FUT LA DISPARITION DU DOCTEUR ZWART : CE VIEIL ORIGINAL PASSAIT LE PLUS CLAIR DE SON TEMPS À COURIR LA BROUSSE ; IL Y A SIX MOIS, IL PARTIT SEUL ET NE REVINT JAMAIS ; ON LE RECHERCHA EN VAIN. DEPUIS LORS, TROIS OU QUATRE INDIGÈNES...

DISPARAISSENT CHAQUE MOIS... Y A-T-IL UN RAPPORT ?... CES GENS VONT-ILS VIVRE CHEZ LES WAGUNDUS, LES SAUVAGES DE LA FORÊT, POUR NE PLUS TRAVAILLER ?... MYSTÈRE ! AU VILLAGE, ILS SONT TERRORISÉS : ILS DISENT QUE LES GORILLES ENLÈVENT LES HOMMES POUR LES MANGER !! VOUS VOUS RENDEZ COMPTE !!

...LES INDIGÈNES SE TERRENT ET REFUSENT DE TRAVAILLER À LA MINE... JE VOUS AI PRÉSENTÉS COMME DES TUEURS DE GORILLES POUR CALMER LES ESPRITS....

MAIS...SI LES INDIGÈNES CRAIGNENT LES GORILLES C'EST QU'IL Y EN A ! LES INGÉNIEURS NOUS ONT DIT LE CONTRAIRE....

ILS VOUS ONT DIT ÇA ?!! EH BIEN VOILÀ QUI CONFIRME MES SOUPÇONS ! J'AI TOUJOURS ÉTÉ CONVAINCU QU'ILS CHASSAIENT LES GORILLES ET EN CAPTURAIENT MALGRÉ L'INTERDICTION. VOILÀ POURQUOI ILS ESSAYENT DE VOUS DÉCOURAGER !

...MAIS COMME JE SUIS CHARGÉ DE LA PROTECTION DE CES ANIMAUX, J'ARRIVERAI UN JOUR À PRENDRE CES DEUX IVROGNES SUR LE FAIT ! EN TOUT CAS, NE CROYEZ PAS CES GENS-LÀ... LÀ AUSSI, IL Y A UN MYSTÈRE ! JE ME COMPRENDS...

LA DISCUSSION SE PROLONGE TARD. OR, QUELQU'UN PASSE ET SURPREND QUELQUES PHRASES IMPORTANTES...

DONC, C'EST DÉCIDÉ ! NOUS PARTONS DE-MAIN PHOTOGRAPHIER LES GORILLES...

PEUT-ON LAISSER TOUT LE MATÉRIEL DANS LA VOITURE ?

- OH ! AUCUN DANGER ! FERMEZ À CLEF POUR LA NUIT SI VOUS VOULEZ... UN DERNIER WHISKY ?
- MERCI, NOUS N'AVONS PAS L'HABITUDE... ET À CE PROPOS, UNE PETITE PROMENADE NE NOUS FERAIT PAS DE TORT...

ON BOIT LE WHISKY COMME DE L'EAU DANS CE PAYS ! IL FAUT ACCEPTER PAR POLITESSE, MAIS...

IL Y AURA DU BON FEU QUAND VOUS REVIENDREZ, LES GARS...

...FRANCHEMENT : UN WHISKY DE PLUS, ET JE PRENAIS LA CUI...HIPS...LA CUITE ! HIPS... LA DREUVE ! VOILÀ QUE J'AI LE... HIPS...HOQUET...

IL FAUT AVOUER QUE TU ES UN PEU JEUNET POUR ABSORBER PLUSIEURS WHISKIES EN UNE SOIRÉE...

HIPS

HIPS HOUBA ! HIPS HIPS !

! ! ! !

TONNERRE ! IL A CHAPARDÉ LA BOUTEILLE ! HIPS !

HIPS

HIPS...C'EST EMBÊTANT, CE HIPS...HOQUET !

HIPS

ESSAYONS DE NOUS...HIPS...FAIRE PEUR L'UN...HIPS...L'AUTRE....

C'EST ÇA ! ÉCOUTE : HIPS... UN SILENCE ÉTRANGE PLANAIT...HIPS... SUR LA SINISTRE MINE ...HIPS... ABANDONNÉE...SOUDAIN...

AU SICOURS !

HIPS HOPS

J'AI CE QU'IL FAUT !

CONTINIWER ! CONTINIWER ! ÇA VA !

C'EST ÉTEINT ! MAIS LA VOITURE EST CERTAINEMENT INUTILISABLE....

EN TOUS CAS, VOUS AVEZ SAUVÉ LE MATÉRIEL. MERCI MILLE FOIS !

...ET MERCI MON VIEUX ! SI TU N'AVAIS PAS DONNÉ L'ALERTE !...

ÇA PAS DIFFICILE ! MOI VENIR VOIR L'AUTO CHASSEURS BLANCS ...MAIS L'AUTO BRÛLER ! MOI OUVRI MOTEUR AVEC MON PIED ET JETER LA TERRE ! MAIS MOI AUSSI CRIER !

QUELLE CHANCE ! LA CAISSE DE MATÉRIEL PHOTOGRAPHIQUE N'A MÊME PAS EU CHAUD !

...ET MA BOÎTE EST INTACTE ! HOURRA !

HÉ, DIS DONC ! VAS-TU ME DIRE, À PRÉSENT, CE QU'IL Y A DANS CETTE ÉNORME BOÎTE ?!

AH NON ! IL N'EST PAS TEMPS ENCORE. PRENDS PATIENCE...

EUH... BWANA... MOI...MOI...

...MOI CONTENT ALLER AVEC BWANAS BLANCS CHEZ LES GRANDS SINGES !...

TU N'AS PAS PEUR DES GORILLES, TOI ?!... EH BIEN D'AC-CORD, TU ES ENGAGÉ !

NOUS EXAMINERONS LE MOTEUR DEMAIN MATIN ET IL FAUDRA FAIRE VENIR LES PIÈCES PAR AVION ....VOILA UN MAL-ENCONTREUX COURT-CIRCUIT !

PLUS TARD

TU TROUVES ÇA NORMAL TOI, UN COURT-CIR-CUIT AU MOTEUR D'UNE VOITURE PRESQUE NEUVE !...

QUE VEUX-TU DIRE ?

SI LE MATÉRIEL PHOTO AVAIT BRÛLÉ, NOUS AURIONS DÛ RENONCER À L'EXPÉDITION ....OR, LES INGÉNIEURS SEMBLENT AVOIR INTÉRÊT À NOUS ÉLOIGNER DU KILIMAKALI...

D'ACCORD, MAIS JE ME REFUSE À CROIRE À UN SABOTAGE !

LE LENDEMAIN ... LES INDIGÈNES SONT TERRORISÉS À L'IDÉE D'ALLER CHEZ LES GRANDS SINGES J'AI EU UN MAL FOU À TROUVER TROIS PORTEURS ! NOUS DEVRONS LIMITER LE MATÉRIEL AU STRICT MINIMUM ...

MOI PORTER AUSSI !!

UN PEU PLUS TARD...

EH BIEN ! MALGRÉ TOUS LES PÉPINS, NOUS VOILÀ PARTIS POUR LE ROYAUME DES GORILLES !

ILS N'ONT PAS RENONCÉ À LEUR EXPÉDITION.

IL FAUT AVERTIR LÀ-BAS IMMÉDIATEMENT.

ET PUIS FAIS-MOI CONFIANCE, IL N'Y SONT PAS ENCORE, AU KILIMAKALI !

...OUI, CE SONT DES LIONS... ILS SONT ASSEZ NOMBREUX PAR ICI...

RAAOOHRRR

DES LIONS !!... MAIS...OÙ EST LE MARSUPILAMI ?

MARSUPILAAAMI !

IL N'EST PAS OBÉISSANT ! MARSUPILAAMI !

MAIS LE MARSUPILAMI EST TOUT HEUREUX DE DÉCOUVRIR CE PAYS SAUVAGE...

...OÙ SON ODORAT SUBTIL DÉCÈLE DE MYSTÉRIEUSES PRÉSENCES ANIMALES...

SNIF SNIF SNIF

QUAND LE LION ATTAQUE, IL SE PRÉCIPITE SUR SA PROIE...

HOUBA HOUBA ?!

...À UNE VITESSE TELLE QUE LES ANIMAUX LES PLUS VIFS SONT CUEILLIS...

...SANS AVOIR EU LE TEMPS D'ESQUISSER UN GESTE !

8

AOOORRR

HOUBA ! HOP !

HOUBA ! HOP HOP HOP !

SI VOUS AVEZ LU "SPIROU ET LES HÉRITIERS", VOUS SAVEZ QUE LE MARSUPILAMI EST FRIAND DE PUCES.

CLAC

?

AH! TE VOILÀ, TOI! JE NE TE LAISSERAI PLUS FILER, MON AMI!...

... CE PAYS EST TROP DANGEREUX POUR UN PETIT MARSUPILAMI... HÉ!? QUELLE PISTE A-T-IL TROUVÉE LÀ?...

SOIS PRUDENT, SPIROU! CET ARBRE CREUX PEUT ÊTRE LE REPAIRE D'UN REPTILE...

...HÉ! NON, PAS D'UN REPTILE, MAIS... VIENS DONC VOIR!!

REGARDE, SOUS CE MORCEAU D'ÉCORCE!...

...SOIGNEUSEMENT PROTÉGÉ PAR UNE HOUSSE IMPERMÉABLE, UN ÉMETTEUR-RÉCEPTEUR RADIO!

JE NE COMPRENDS PAS! À QUOI PEUT BIEN SERVIR CET APPAREIL ICI? PEUT-ÊTRE LEBON ET LEBLOND FONT-ILS DES EXPÉRIENCES?!...

QUOI QU'IL EN SOIT, LA PETITE TROUPE CONTINUE LENTEMENT SA ROUTE VERS LA FORÊT AU PIED DES MONTAGNES...

AH ! ILS ARRIVENT AU PONT... NOUS SERONS BIENTÔT TRANQUILLES...

POLE-POLE ! TENEZ BIEN LES BAGAGES !

CRAC

ACCROCHEZ-VOUS ! LE PONT CÈDE !

PLOUF

HOUBA ?

UN PEU PLUS TARD ...UNE PARTIE DU MATÉRIEL EST À L'EAU, ET IMPOSSIBLE DE REPÊCHER : C'EST TROP PROFOND ICI...OR NOUS N'AVIONS QUE LE STRICT MINIMUM... DITES À SPIROU QU'IL FAUT RENONCER À POURSUIVRE L'EXPÉDITION...

JE NE SAIS PAS CE QU'IL SE PASSE... VOILÀ UNE DEMI-HEURE QU'ILS DISCUTENT...

...AH ! ILS RAMASSENT LEUR MATÉRIEL...ILS REPARTENT...

ILS VONT DU CÔTÉ DE LA PLAINE, OUI ? DIS, ILS FONT DEMI-TOUR, HEIN ?

NON ! ILS CONTINUENT PAR ICI !

AH ! ILS CONTINUENT ! ! BON ! ILS CHANGERONT D'AVIS : JE VAIS LEUR ENVOYER LES WAGUNDUS !...

LE LENDEMAIN.

MONSIEUR BADMAN, ENTENDEZ-VOUS LE TAM-TAM ?

LES WAGUNDUS, SANS DOUTE...NE VOUS EN FAITES PAS, ILS SONT PLUTÔT PACIFIQUES...

QU'Y A-T-IL ? MARSUPILAMI ? UNE GROSSE BÊTE ?

HOUBA RRRÔÔ

TIENS MAIS... OÙ EST NOTRE PORTEUR MUNONO ?? S'IL DISPARAISSAIT, CELUI-LÀ, CE SERAIT LA CATASTROPHE !

MUNONO PAR LÀ ! CHERCHER LE BOIS

KIMYA*

* SILENCE !

AH, LE VOILÀ ! BON, IL NE LUI EST RIEN ARRIVÉ...

LE LENDEMAIN MATIN.

MESSIEURS, J'AI BIEN RÉFLÉCHI. IL SERAIT INSENSÉ DE POURSUIVRE L'EXPÉDITION AVEC LE MATÉRIEL QUI NOUS RESTE... ET PUIS JE DOIS RE-CHERCHER LE PORTEUR QUI A DIS-PARU. JE FAIS DEMI-TOUR !...

MAIS NOUS PAS BISOIN LE BWANA BLANC.... MUNONO LUI AUSSI SAVOIR OÙ PAYS GRANDS SINGES !... MOI ALLER CHEZ GRANDS SINGES AVEC MUNONO !

EUH...SI MUNONO SAIT OÙ TROUVER LES GORILLES, NOUS IRONS AUSSI... VOUS COMPRENEZ MONSIEUR BADMAN, NOUS VENONS DE TRÈS LOIN POUR PHOTOGRA-PHIER CES ANIMAUX, NOUS N'ABANDON-NERONS PAS SI PRÈS DU BUT !

...ILS SE SONT PARTAGÉ LES BAGAGES...OUI, ILS SE SONT DIVISÉS EN DEUX ÉQUIPES...MILLE MILLIONS DE ✱*⑥☚✄!!∅...SPIROU ET L'AUTRE CONTINUENT PAR ICI !...

EN AVANT ! CHEZ LES WAGUNDUS ! IL FAUT QU'ILS INTERVIENNENT AUJOURD'HUI MÊME... ET D'UNE FAÇON RADICALE !!

C'EST DONC SOUS LA CONDUITE DU PORTEUR MUNO-NO QUE NOS AMIS POURSUIVENT LEUR AVENTURE...

OÙ EST ENCORE LE MARSUPILAMI ?!? DÉCIDÉMENT, IL FAUDRA L'ATTACHER !

SNIF

HOUBA HOUBA RRÔÔ

SNIF SNIF

ZZZZZ

ZZZZZZZ

HOUBA HOUBA HOP-HOP!

CRRC

HOUBA?

MAIS... LE VOILÀ! ET SEUL!! PARFAIT, TU NE ME GÊNERAS PLUS LONGTEMPS, MON GAILLARD...

MARSUPILAMI! MISÈRE! S'IL TOUCHE LA GÂCHETTE IL PEUT SE BLESSER!

...D'ICI, ON APERÇOIT PARFAITEMENT SON PELAGE JAUNE...

?

ÇA NE SE RATE PAS... VOILÀ... C'EST LE MOMENT, IL EST IMMOBILE.

PANG

CE COUP DE FEU !! IL A DÛ APPUYER SUR LA DÉTENTE EN JOUANT AVEC LA CARABINE !!

LE...LE LEBON !

QU'Y A-T-IL ? DIS DONC, TU AS CHANGÉ DE COIFFURE ?!

CE... **CET ANIMAL !!** CE N'EST PAS UN ANIMAL !!...JE N'AVAIS PAS VU QU'IL AVAIT UNE CARABINE...AU MOMENT OÙ J'ALLAIS TIRER, IL M'A VISÉ ET IL A TIRÉ LE PREMIER ! IL S'EN EST FALLU D'UN CHEVEU !

...CHOSE EST PRÉVENU DE L'ARRIVÉE DE L'EXPÉDITION, QU'IL SE DÉBROUILLE ! MOI, J'OBSERVE DE LOIN, ET S'ILS DÉCOUVRENT LE POT-AUX-ROSES JE QUITTE LE PAYS...

LE LENDEMAIN, LA PETITE TROUPE HARASSÉE APERÇOIT, POUR LA PREMIÈRE FOIS, VOILÉ D'UN ÉTERNEL BROUILLARD, LE PAYS DES GORILLES.

KILIMAKALI

MAGNIFIQUE ! IL NE NOUS RESTE PLUS QU'À FRANCHIR CETTE VALLÉE !

UN MATIN BRUMEUX SUR LE FLANC SUD DU KILIMAKALI...

... OUI, PRENONS UNE JOURNÉE DE REPOS ET DEMAIN NOUS COMMENCERONS À EXPLORER LA RÉGION .....

TOMTOMTOUMTOM
TONG TONG TOUM TOM
TAMTAM TOUMTOM
TAMTAMTOUM TOM
TOMTOMTOUM TOM

TU ENTENDS ?

OUI, ENCORE CE TAM-TAM !

TOMTOMTOUMTOM
TOMTOUTOUM
TOMTOUTOUM

QU'Y A, MUNONO ? TOI COMPRENDS TAMTAM ?

POURQUOI, MUNONO ? TU CROIS QU'IL Y A UN DANGER ?

OH HOOO ?!!

HOUBA ! GRRROO TSSSSIT

TAP TAP TAP

OH ! RIGARDEZ ! LÀ ET LÀ ET LÀ ?!

EN EFFET, SORTANT LENTEMENT DE LA BRUME, DES GUERRIERS MAGNIFIQUES CONVERGENT VERS LE CAMP...

EUH...JOLIES COULEURS, CE MAQUILLAGE, HEIN ?...

OUI...OUI...ÇA LEUR FAIT UN VISAGE TELLE-MENT...EXPRESSIF...

C'EST GENTIL À EUX D'ÊTRE VENUS, MAIS ILS N'ONT PAS BEAUCOUP DE CONVERSATION...

NON...C'EST UN PEU EMBARRAS-SANT, CES LONGS SILENCES...

AH, CELUI-CI S'AVANCE.. J'ESPÈRE QUE C'EST POUR DIRE QUELQUE CHOSE !...

BASI ! MAKELELE !
*

* ASSEZ ! SILENCE !

QUINZE !...MAIS QUI EST CE GRAND GARÇON ?

JE CROIS SAVOIR QUI C'EST...NE TE RÉJOUIS PAS TROP VITE...

26

HÉÉÉÉ BIEN ! VOUS AVEZ DE LA CHANCE, QUE JE SOIS PASSÉ PAR ICI !

...PAR LE PLUS GRAND DES HASARDS...N'EST-CE PAS, DOCTEUR ?...

POURQUOI M'APPELEZ-VOUS DOCTEUR ?!?

PETIT, TU RECONNAIS CE MONSIEUR ?

LUI BWANA DOCTEU ZWA'T! MAIS SA BARBE BOUCOUP PLUS GRANDE...

PEU IMPORTE QUI JE SUIS...J'AI RENONCÉ À LA CIVILISATION ET ÇA ME REGARDE ... JE VIS EN BON VOISINAGE AVEC LES WAGUNDUS ET J'AI UN PEU D'INFLUENCE SUR EUX .... MALHEUREUSEMENT, ILS OBÉIS- SENT SURTOUT À LEURS SORCIERS .... OR LES SORCIERS VOUS SONT HOSTILES .....

...J'AI FAIT CE QUE J'AI PU POUR LES CALMER, MAIS RIEN À FAIRE ... ALORS, SI VOUS VOU- LEZ ÉVITER LE PIRE, PLIEZ BAGAGE IM- MÉDIATEMENT ET QUITTEZ LA RÉGION .... J'ARRIVERAI À PROTÉGER VOTRE DÉPART !

HOUBA HOUBA TCHHIII !

DOCTEUR ZWART, NOUS SOMMES VENUS ICI POUR ÉTUDIER LES GORILLES ET RIEN NE NOUS Y FERA RENONCER, MÊME SI NOUS DÉRANGEONS CERTAINS !

LES GORILLES ?! IL N'Y A PAS DE GORILLES DANS LA RÉGION !

TIENS ! VOUS PARLEZ COMME LES INGÉNIEURS !

HOUBA HOUBA !

HÉHÉ, NOUS VOICI DÉBARRASSÉS DES WAGUNDUS !!

MAIS ILS REVIENDRONT À LA CHARGE !

...SI ON LES EXCITE À NOUVEAU CONTRE NOUS, N'EST-CE PAS, DOCTEUR.... JE CROIS QUE LES WAGUNDUS SONT DE BONS GARÇONS QUI ONT HORREUR DE LA BAGARRE....

EN TOUT CAS, NOUS AVONS, NOUS AUSSI, LE DROIT D'ÊTRE ICI ET NOUS LE FERONS BIEN VOIR !

IL EST BIEN SÛR DE LUI, LE JEUNE HOMME ! ET IL NE SAIT PROBABLEMENT PAS SE SERVIR D'UNE CARABINE !!

HÉ ! MARSUPILAMI ! NE TOUCHE PAS À...

?

PANG

惡王☆※◎!!
CES GARS-LÀ, ILS NE PLAISANTENT PAS !

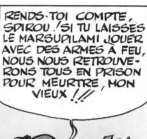

RENDS-TOI COMPTE, SPIROU ! SI TU LAISSES LE MARSUPILAMI JOUER AVEC DES ARMES À FEU, NOUS NOUS RETROUVERONS TOUS EN PRISON POUR MEURTRE, MON VIEUX !!!

DONC, LE DOCTEUR ZWART, MÉDECIN DE LA MINE DE MOLOMONGA, DISPARU IL Y A PLUS DE SIX MOIS, SE PORTE À MERVEILLE !

OUI... ET IL EXERCE PROBABLEMENT ICI UNE ACTIVITÉ QUI DOIT RESTER SECRÈTE ...À MON AVIS, LES INGÉNIEURS SONT SES COMPLICES ... D'AILLEURS, J'AI MON IDÉE...

MAIS SPIROU ET FANTASIO SONT VENUS CHERCHER DES GORILLES. DEUX JOURS PLUS TARD...

... PLUSIEURS GROS ANIMAUX SE SONT COUCHÉS SUR CES HERBES, SPIROU ...ET REGARDE CES POUSSES GRIGNOTÉES...

...C'EST TOUT RÉCENT ! MON VIEUX, JE SUIS CONVAINCU QU'UNE FAMILLE DE GORILLES A DORMI ICI LA NUIT DERNIÈRE .... QUI SAIT, NOUS SOMMES PEUT-ÊTRE À QUELQUES CENTAINES DE MÈTRES D'EUX !

DONC C'EST LE MOMENT DE SORTIR MON ARME SECRÈTE ! ATTENDS ICI CINQ MINUTES, TU SERAS SIDÉRÉ !...

?

SON "ARME SECRÈTE"...!?? QU'A-T-IL ENCORE ÉTÉ INVENTER LÀ ?

REGARDE, SPIP, CE BEAU PAPILLON TOUT BLEU....

ZUT ! PAR OÙ ALLER POUR REJOINDRE FANTASIO ?!?... ON S'ÉGARE VITE, ICI...

TU CROIS QUE C'EST PAR LÀ, SPIP ?.... TIENS !? QUELLE EST CETTE FORME SOMBRE ?

LE MARSUPILAMI AUX PRISES AVEC UN GORILLE !!

...C'EST TERRIBLEMENT DANGEREUX, UN GORILLE !... IL POURRAIT ÉCRASER LE MARSUPILAMI D'UN COUP DE PATTE .....IL APPROCHE...

...LA PAUVRE PETITE BÊTE EST SANS MÉFIANCE ....C'EST DOMMAGE DE TUER UN ANIMAL AUSSI RARE, MAIS SI LE SINGE ATTAQUE, JE TIRE !....

HOUBA ! HOUBA !

MAIS !? QUE FAIT·IL ?! IL ... IL ... MAIS !

EN EFFET, CHOSE ÉTRANGE, LE GORILLE SORT UNE BLAGUE À TABAC ET SE BOURRE UNE PIPE ....

FANTASIO ! C'EST TOI !!!

OUI, C'EST MOI ! HA HA HA ! MAIS DIS DONC, TU AS L'AIR ÉMU !...

IDIOT !

MAIS REGARDEZ-MOI DONC CE HARDI EXPLORATEUR, CE GRAND CHASSEUR DE SINGES, QUI TOMBE DANS LES POMMES AU PREMIER GORILLE QU'IL VOIT ! EH BIEN, SPIROU, TU ME DÉÇOIS !

PFFF !

...IL FALLAIT RESTER EN EUROPE, MON VIEUX, ET JOUER À LA BELOTE .... HA HA HA ...

CE N'EST PAS ÇA ! ...

ALORS, QU'Y A-T-IL ?

IL Y A QUE JE T'AI PRIS POUR UN VRAI GORILLE ET QUE J'AI CRU LE MARSUPILAMI EN DANGER ! QUAND TU AS SORTI TA PIPE, J'ÉTAIS À DEUX DOIGTS DE T'ENVOYER UNE BALLE DE CECI DANS TA PEAU DE SINGE !!

FANTASIO, REMETS-TOI ! IL N'Y A PLUS DE DANGER !... C'EST FINI, MON VIEUX !

MAIS...QUE PENSES-TU DE MON IDÉE, SPIROU ?

AH, ÇA TE VA TRÈS BIEN !... NON, JE VEUX DIRE, C'EST HABILEMENT FAIT.....SI JE COMPRENDS BIEN, TU VEUX...

...OUI ! JE ME GLISSE PARMI LES ANIMAUX SANS ATTIRER LEUR ATTENTION — C'EST UNE VÉRITABLE PEAU DE GORILLE — ET J'AI TOUT MON MATÉRIEL PHOTO PRÊT À L'ACTION !...

FRANCHEMENT, TON IDÉE EST EXCELLENTE !

HOUBA HOUBA !

REGARDE ! LE MARSUPILAMI AUSSI SE REND COMPTE QU'IL Y A EU DES ANIMAUX ICI !

SNIF ! SNIF !

VITE, FANTASIO, SUIVONS-LE ! QUAND IL FAIT ÇA, C'EST QU'IL VA SUIVRE UNE PISTE, RAPPELLE-TOI !

HOUBA HOUBA !

...CURIEUX COMME IL EST, ET AVEC SON ODORAT, IL EST CAPABLE DE NOUS CONDUIRE TOUT DROIT CHEZ LES GORILLES....

Franquin 56 17

MARSUPILAMI ! C'EST IDIOT ! S'IL ALLAIT FONCER TÊTE PREMIÈRE DANS UNE FAMILLE DE GO-RILLES, LE MALHEUREUX !

IL A DISPARU !

ET SPIP LE SUIT !

FANTASIO ! NE BOUGE PAS ! TU VOIS CETTE FORME SOMBRE, LÀ-BAS, SUR UNE GROSSE BRANCHE ?!

...LÀ, TU VOIS ?.... RAPPELLE-TOI CE QUE NOUS AVONS LU : LE GORILLE EST UN ANIMAL MÉFIANT : LORSQUE LA TROUPE S'ARRÊTE EN PLEIN JOUR POUR MANGER, UN OU PLUSIEURS MÂLES FONT LE GUET POUR LA PROTÉGER !

...À MON AVIS, C'EST UNE SENTINELLE QUE NOUS

AAH !

TAIS-TOI DONC ! TU VAS LES FAIRE FUIR !

MAIS TU NE TE RENDS PAS COMPTE DE L'EFFET QUE TU FAIS, COMME ÇA, À L'IMPROVISTE !

SNIF SNIF

MAIS À QUELQUES MÈTRES DE LÀ UN AUTRE GORILLE....

GNOUF?

PAF PAF PAF PAF PAF PAF PAF PAF PAF PAF PAF PAF PAF

¡¡¡AAOORR

BOM-BOM

BOM BOM

HOUBA!

¡¡¡AAOORR

SPIROU!... CE CRI ÉPOUVANTABLE... N'EST-CE PAS LE FAMEUX HURLEMENT DU GORILLE?

MISÈRE! LE MARSUPILAMI?

18

VOILÀ SPIP ! ET IL NOUS FAIT SIGNE DE LE SUIVRE !

MAIS À CE MOMENT, LE PLUS GRAND DES GORILLES DESCEND DE SON ARBRE : IL A VU LE MARSUPILAMI !

GNOUF

IMMÉDIATEMENT, LE MARSUPILAMI SENT LE DANGER ET IL PORTE AU SINGE UN COUP TERRIBLE....

PAF

MAIS CETTE FOIS, L'ADVERSAIRE EST D'UNE RÉSISTANCE ÉNORME ! INEXORABLEMENT, LE GÉANT AVANCE....

PAF

PAF

ARGN

LE VOILÀ ! LÀ ! IL VIENT D'É-CHAPPER DE JUSTESSE À UN GORILLE MONSTRUEUX !/....

J'AI VU ! C'EST LA PRE-MIÈRE FOIS QUE LE MAR-SUPILAMI FUIT DEVANT UN AUTRE ANIMAL !

LE MARSUPILAMI EST-IL TERRORISÉ ? EN TOUT CAS, IL BONDIT ET DIS-PARAÎT DANS UN GRAND ARBRE...

Franquin '56 19

BOM BOM BOM

HOUBA !
GRRRR...

C'EST LE MOMENT OU JAMAIS DE FAIRE DES PHOTOS DE PRÈS ! RAPPROCHONS-NOUS...

D'ACCORD, MAIS J'Y VAIS SEUL ! TA CHEMISE ROUGE SÈMERAIT LA PANIQUE CHEZ LES ANIMAUX .... PROTÈGE-MOI D'ICI ....

LA SUITE EST ASSEZ CONFUSE. SENTANT SOUDAIN LA PRÉSENCE DE L'HOMME, LES GORILLES FUIENT EN HURLANT DANS TOUTES LES DIRECTIONS...

...SPLENDIDE ! J'AI DÉJÀ DES PHOTOS FANTASTIQUES

FORMIDABLE, CETTE FUITE DES GORILLES !

CETTE FOIS C'EST CERTAIN, J'AI LE CRÂNE SOLIDE.... MAIS OÙ EST FANTASIO ?

AH ! LE VOILÀ ! IL SE CACHE DANS CE BUISSON !

TIENS, VIEUX ! SI TON FILM EST TERMINÉ, PRENDS CET APPAREIL-CI, JE N'AI FAIT QUE CINQ PHOTOS....

RÂÂ

¡¡AORR

ARGN

CLIC

QU'AS-TU, SPIROU ?

L'ÉMOTION..... JE VIENS DE PARLER À UN GARS QUI EST VRAIMENT TON SOSIE...

UN PEU PLUS TARD.

CHIC ! J'AI RETROUVÉ L'APPAREIL !

VENEZ ICI !

MAIS !.. JE N'AI FAIT QUE CINQ PHOTOS, ET LE COMPTEUR INDIQUE SIX... MOURANT ! LE GORILLE A DÉCLENCHÉ !

ÉCOUTE, SPIROU : NE NOUS ENDORMONS PAS SUR NOS LAURIERS !...

...ESSAYONS DE RÉTABLIR LE CONTACT AVEC CETTE BANDE DE GORILLES ET DE LES PHOTOGRAPHIER LORSQU'ILS SONT AU REPOS, LORSQU'ILS MANGENT...

D'ACCORD ! D'AILLEURS LE MARSUPILAMI SUIT À NOUVEAU LA PISTE !

SNIF

MAIS LES SINGES, DANS LEUR PANIQUE, ONT PARCOURU UNE DISTANCE CONSIDÉRABLE. NOS AMIS ESCALADENT DES COLLINES, DESCENDENT DANS DES VALLÉES

ET SOUDAIN...

FANTASIO! STOP! JE VOIS UN TOIT DE TÔLE ONDULÉE! ICI!!! LAISSE TOMBER LES GORILLES POUR L'INSTANT; JE CROIS QUE NOUS ALLONS COMPRENDRE BIEN DES CHOSES!

OUVRE L'ŒIL! LES GENS D'ICI NE VONT PAS PAVOISER POUR NOUS RECEVOIR!... IL VA SE PASSER QUELQUE CHOSE, ET ÇA PEUT ÊTRE DANGEREUX...

?

EN EFFET, UN HOMME SORT DES BARAQUEMENTS...

VOICI LA VISITE QUE VOUS REDOUTIEZ TANT, DOCTEUR ZWART...

D'ACCORD! MAIS IL Y A TOUJOURS MOYEN DE S'ENTENDRE AVEC DES GENS INTELLIGENTS...

...ET VOUS ÊTES INTELLIGENTS, PUISQUE VOUS AVEZ DEVINÉ, HEIN?....EN PLUS, VOUS N'ÊTES PAS FACILES À IMPRESSIONNER, HMMM?...

...C'EST POURQUOI J'AI DÉCIDÉ DE BIEN VOUS RECEVOIR... DES GARS DE VOTRE TREMPE POURRAIENT M'ÊTRE UTILES EN EUROPE... IL Y A DANS CE SAC...

...DE PETITS CADEAUX POUR VOUS... EN VOICI UN... JE GARANTIS LA QUALITÉ, C'EST FABRIQUÉ DANS LA MAISON.

ATTENDEZ ! RÉSUMONS : VOUS AVEZ ICI, SI J'AI BIEN COMPRIS, UNE MINE D'OR CLANDESTINE ; C'EST-À-DIRE QUE L'ÉTAT L'IGNORE ET QUE VOUS ÊTES EN TRAIN DE VOUS ENRICHIR SANS PAYER UN SOU DE TAXE, C'EST ÇA ?

EXACT !

!

JE VOIS QUE JE NE DEVRAI PAS INSISTER ! POUR VOUS, **LE SILENCE EST D'OR !**

EH BIEN ! NOUS SOMMES TOMBÉS SUR UN FILON, FANTASIO ! ... DONNEZ LE SAC, DOCTEUR ZWART !

...CE SONT LES INGÉNIEURS LEBON ET LEBLOND QUI VOUS ONT AIDÉ À CONSTRUIRE CETTE MINE... PROBABLEMENT AVEC DES MATÉRIAUX VOLÉS À MOLOMONGA... VOUS COMMUNIQUEZ AVEC VOS COMPLICES PAR RADIO, PAS VRAI ?... NOUS AVONS DÉCOUVERT L'ÉMETTEUR...

ON NE PEUT RIEN VOUS CACHER...

...ET C'EST POUR PROTÉGER CETTE PETITE ORGANISATION QU'ON A INCENDIÉ NOTRE VOITURE, SABOTÉ LE PONT, ENLEVÉ NOS PORTEURS ET MOBILISÉ CONTRE NOUS UNE TRIBU DE WAGUNDUS, HMM ?

MOI AUSSI, J'AIMERAIS BIEN AVOIR DE L'OR, MAIS CELUI-CI, JE NE PEUX PAS LE VOIR !

ARRÊTEZ ! GAMIN ! VOUS NE VOUS RENDEZ PAS COMPTE DE LA VALEUR DE...

VOILÀ CE QUE J'EN FAIS, MOI ! ET ALLEZ ! ...ET ENCORE UNE !

...ET VOILÀ ! CHERCHEZ, PUISQUE VOUS ÊTES CHERCHEUR D'OR !

ET MAINTENANT, UNE QUESTION : SUIS-JE INSPECTEUR DE L'OR POUR L'ÉTAT ?? **RÉPONDEZ !**

EUH... NON.

EH BIEN, QUE VOULEZ-VOUS QUE ÇA NOUS FICHE, VOTRE OR ET VOTRE PETIT COMMERCE, HEIN ?/ ÇA NE NOUS INTÉRESSE **PAS !** ...

...GRATTEZ LE SOL EN CACHETTE POUR TROUVER DE L'OR, DU CHEWING-GUM, DU CARAMEL MOU OU DU GUANO, NOUS, **ON S'EN MOQUE !** MAIS FICHEZ-NOUS LA PAIX !

...ET JE NE SAIS PAS CE QUI ME RETIENT DE VOUS ENVOYER MON POING DANS LA FIGURE....

PAF

MAIS DITES-MOI, DOCTEUR ZWART, LES GARÇONS QUI ONT DISPARU DU VILLAGE INDIGÈNE, À MOLOMONGA...C'EST VOTRE MAIN-D'ŒUVRE, PAS VRAI ? LES WAGUNDUS LES ENLÈVENT POUR VOUS, ET VOUS LES FAITES TRAVAILLER À EXTRAIRE VOTRE OR, HMM ? LEVEZ-VOUS!

VOYEZ-VOUS ÇA ! LE DOCTEUR ZWART A DES ESCLAVES !! À QUELLE ÉPOQUE VOUS CROYEZ-VOUS ? NOUS DEVRIONS VOUS LIVRER À LA JUSTICE !...VOUS ALLEZ NOUS CONDUIRE IMMÉDIATEMENT À CES PAUVRES TYPES.... EN AVANT!

?

C'EST FINI, LES AMIS! LE VILAIN BARBU N'EST PLUS LE CHEF!...

...VOUS POUVEZ RETOURNER CHEZ VOUS !...

ÇA BIEN VRAI ?

BWANA, MOI, BWANA!

ICI BWANA!

HA HA HA! ÇA FAIT PLAISIR À VOIR!

OUI, ÇA VAUT DE L'OR...

NOTRE PORTEUR DISPARU ÉTAIT PARMI EUX, TU L'AS RECONNU ?

OUI... JE SUIS CONTENT D'AVOIR OUVERT CETTE VILAINE CAGE... BON ! NOUS N'AVONS PLUS RIEN À FAIRE ICI...

HOUBA !

JE NE PEUX PAS VOIR CET OR DANS LES PATTES DE CETTE VILAINE BÊTE !... JE VAIS RÉCUPÉRER DISCRÈTEMENT CE...

PAF

MARSUPILAMI, VENEZ VITE !

A... !!

CES AHURIS N'ONT PAS PENSÉ À TOUT L'OR QUE J'AI DÉJÀ EXTRAIT.... ALLONS, MALGRÉ TOUT, JE SUIS RICHE....

. HÉ, DITES DONC, DOCTEUR ZWART, VOUS DEVEZ AVOIR UNE CONFORTABLE RÉSERVE D'OR, DÉJÀ, NON ? EH BIEN ! VOUS POUVEZ VOUS LA... VOUS LA METTRE DE CÔTÉ, VOUS N'AUREZ PAS TOUT PERDU !...

IL A RAISON, ZWART.

?

23

NOUS AVONS TOUT VU... LES NOIRS VONT BAVARDER, IL FAUT DISPARAÎTRE !.... PARTAGEONS !

AH, OUI... OUI... PARTAGEONS...

...NOUS AVONS ENCORE QUELQUES JOURS AVANT LA SAISON DES PLUIES... AVEC UN PEU DE CHANCE, NOUS POUVONS REJOINDRE LES GORILLES ET TOURNER UN FILM....

OH, DIS DONC ! REGARDE LE MARSUPILAMI !

VACANCES
SANS HISTOIRES

...NON ! PAS DE PROJETS ! PAS D'ITI-
NÉRAIRES ! LA LIBERTÉ ! LA FANTAISIE !
NOUS ALLONS AU HASARD ! VERS LE
SUD ! RIEN NE NOUS ARRÊTERA
QUE LA BEAUTÉ D'UN
PAYSAGE !....

...ET LA
FIN DE TES
FINANCES,
VIEUX...

HOUBA
HOUBA !

CETTE FOIS, J'AI PRIS LE MINIMUM
DE BAGAGES ; RIEN ICI NE PRÊTE
À RIRE ! CEUX QUI ME PRENNENT
POUR UN "COMIQUE"
SERONT DÉÇUS !

HOP

?

PAF

QU'EST-CE QUE TU DIS ??

JE DIS...EUH...JE DIS :
EN ROUTE .....ET À LA
GRÂCE DE DIEU.....

FEU VERT, SPIROU ! IL NOUS
OUVRE LA ROUTE DES VACANCES !
PLUS DE SOUCIS ! NOUS PARTONS
À LA DÉCOUVERTE D'AUTRES
PAYSAGES...

...D'AUTRES
TÊTES...HOP

GRRMMMMBBLM
HHMMMLLBLLM
GRRRMMBL

JE VAIS PASSER MES VACANCES DANS UN COIN TRANQUILLE... JE CONNAIS UN JARDIN AVEC DES NOISETIERS ...

JE VOUDRAIS, UNE SEULE FOIS, DÉCIDER MOI-MÊME DE L'EMPLOI DE MES LOISIRS! ...

CE **GASTON** ✳@◉✱!! JE PARIE TOUT CE QUE TU VEUX QU'IL NE SAIT PAS CE QUE SIGNIFIE UN FEU ROUGE !!!!

CHER MONSIEUR FANTASIO, LE FEU VIENT DE PASSER DU VERT AU ROUGE POUR VOUS... JE VAIS VOUS EXPLIQUER CE QUE CELA SIGNIFIE:...

BOUM

FUYONS CETTE VILLE HOSTILE!!

JE VOIS, NOUS ALLONS ENCORE VOYAGER À TOMBEAU OUVERT!...

VROM

DEUX JOURS PLUS TARD, BEAUCOUP PLUS AU SUD...

...CE CABRIOLET? EH BIEN, CHÈRE AMIE, C'EST L'EXTRAORDINAIRE VOITURE D'UN ÉTRANGE PERSONNAGE.....

...IL S'APPELLE IBN-MAH-ZOUD, C'EST UN ROI DU PÉTROLE...FORTUNE COLOSSALE, BIEN ENTENDU!...CÉLÈBRE AUSSI PAR SES EFFROYABLES ACCIDENTS DE VOITURE...ON DIT QU'IL EST LE PLUS MAUVAIS CONDUCTEUR AU MONDE...LE FAIT EST QU'IL S'EST ENVOYÉ DANS LE DÉCOR CHAQUE FOIS QU'IL A PRIS UN VOLANT...C'EST UN DON, EN QUELQUE SORTE...

C'EST POUR ÇA, SANS DOUTE, QU'IL VOYAGE DANS CETTE VOITURE QUI SE TRAÎNE...

NE CROYEZ PAS CELA: C'EST UNE TURBOTRACTION! LA SEULE VOITURE À TURBINE SUR LE MARCHÉ... UN BOLIDE!

VROUP

GRRRMMBBLLLMM... JE VAIS ENCORE RÔTIR AU SOLEIL PENDANT DES HEURES, PENDANT QUE CE GROSSIER PERD SON ARGENT POUR SE DISTRAIRE...

QUEL MÉTIER!...J'AURAIS DIX FOIS LE TEMPS D'ALLER BOIRE UN PASTIS CHEZ GABRIEL... ET MÊME DE JOUER UNE PÉTANQUE. SI J'OSAIS...

ZUT, J'Y VAIS! IBN-MAH-ZOUD EN A CERTAINEMENT POUR DES HEURES...

...GARONS ICI, SPIROU, PRÈS DU CASINO....JE VOUDRAIS TE MONTRER LA VIEILLE VILLE, ELLE EST TRÈS AMUSANTE!

C'EST À CE MOMENT PRÉCIS QUE LE HASARD DÉCLENCHE SA MACHINE INFERNALE: TOUT D'ABORD, ILS PARQUENT DERRIÈRE LE CASINO....

...ENSUITE, PAR EXTRAORDINAIRE, FANTASIO, EN QUITTANT LA TURBOTRACTION, OUBLIE LA CLEF DE CONTACT AU TABLEAU DE BORD...

DIS DONC! SI QUELQU'UN RECONNAÎT LA TURBOT DANS LE PARKING DU CASINO, IL CROIRA QUE NOUS JOUONS À LA ROULETTE!

AUCUNE CHANCE! ON SAIT BIEN QUE NOUS NE SOMMES PAS ASSEZ RICHES! HA HA HA ...ET ÇA LE FAIT RIRE!!

UN PEU PLUS TARD...

...MAIS LA CHANCE PEUT TOURNER, VOTRE SPLENDEUR...EUH...

DEUX MILLIONS! J'AI PERDU DEUX MILLIONS EN UNE DEMI-HEURE! PLUS JAMAIS JE NE METTRAI LES PIEDS DANS CE CASINO DE VOLEURS!!

MA VOITURE? MON CHAUFFEUR?

EUH... J'APPELLE UNE VOITURE À L'INSTANT

NON! MOI, IBN-MAH-ZOUD, DONT LE PÉTROLE FAIT TOURNER DES MILLIONS DE MOTEURS DANS LE MONDE ENTIER, JE MARCHERAI! ...COMME UN MENDIANT!

MAIS!...VOILÀ! LA VOITURE ...ABANDONNÉE!...L'INFÂME SCORPION A ABANDONNÉ MA VOITURE!!!

ERREUR ! IBN-MAH-ZOUD, QUI NE DISTINGUE PAS LES COULEURS, VIENT D'APERCEVOIR LA TURBO-TRACTION DE SPIROU ET FANTASIO !

JE LUI DIRAI DEUX MOTS, À CE LOMBRIC, CETTE CHENILLE MALADE, CE VER AFFREUX, CE VIL INSECTE, CE CLOPORTE !

MAIS !...IL A OUBLIÉ **LA CLEF ! VICTOIRE !**

JE VAIS ENFIN CONDUIRE MA VOITURE !! EN AVANT !

?!

WOUF

HÉ ?! AÏE !

BANG

BANG BALANG CLONK

BON, IL EST INDEMNE...
MAIS IL A DE LA CHANCE QUE MES
RÉFLEXES SOIENT TOUJOURS AUSSI BONS
...J'AI TROUVÉ LE FREIN EN MOINS DE
TEMPS QU'IL N'EN FAUT POUR LE DIRE !

WOUF

ET LA TURBOTRACTION FONCE VERS
LE CENTRE DE LA VILLE ; AU VOLANT,
LE PLUS MAUVAIS CONDUCTEUR
DU MONDE....

ZOUF

AH ! VOILÀ LA VRAIE VIE !
JE SUIS FAIT POUR
CONDUIRE UNE VOITURE
RAPIDE !...

HÉ PSSSITOUH
ÂÂH STOP

BOUCHERIE RAPHAËL

TTRRRiiiiii

QUE VEUT-IL
CET ÉNERGUMÈNE
AVEC SON SIFFLET ?

GALERIES BARBOUSE
ENTRÉE LIBRE

TCHIîîk

JE SAIS BIEN QUE
C'EST ENTRÉE LIBRE,
MAIS IL NE FAUT PAS
EXAGÉRER, MILLE
MILLIARDS !!

...OUI OUI ! J'EN SUIS
CERTAIN ! C'EST LUI
IBN MAH ZOUD ....IL CON-
DUIT UNE VOITURE
SPORT... BLEU VIF....

TONNERRE DE
!!
LA DERNIÈRE FOIS,
IL Y A EU POUR DEUX
MILLIONS DE DÉGÂTS !

TRINNNG

HOLA ! IL Y A EU UN ACCI-DENT... ON AURAIT PEUR, VRAIMENT, LORSQU'ON PENSE À TOUS LES IMPRUDENTS QUI CONDUISENT...

IMAGINE, SPIROU, LE DANGER PUBLIC QUE DEVIENDRAIT LA TURBOTRACTION AUX MAINS D'UN ÉCERVELÉ !

OUAIS ! UNE VOITURE QUI A DE TELLES ACCÉLÉRATIONS NE PEUT ÊTRE CONFIÉE AU PREMIER VENU...

AHAAA ! UN VIRAGE EN ÉPINGLE À CHEVEUX ! COMME JE LES AIME !...

HÉ, ALFRED, MINABLE ! CES CAISSES, ÇA VIENT ??

BOUF

ALFRED, TU DOIS TE SURVEIL-LER ! DE CES JOURS-CI, TU AS UN CARACTÈRE É-POU-VAN-TA-BLE !!

VIVEMENT LA MONTAGNE !... LA, AU MOINS, IL N'Y A PAS D'IMBÉCILES POUR SEMER DES OBJETS SUR VOTRE ROUTE...

ROUTE DÉVIÉE

DANGER

ROUTE DÉTRUITE

ALLONS, SPIROU! ASSEZ FLÂNÉ! À LA VOITURE! NOTRE BONNE TURBOTRACTION DOIT ENCORE FAIRE DU CHEMIN CET APRÈS-MIDI!...

PAF

DOUCEMENT!

LES VACANCES, POUR LUI, C'EST AVALER DES CENTAINES DE BORNES!...

AÏÏÏE

C'EST... C'EST LALA... LA DERNIÈRE FOIS! JE...JE LE JURE!

PLUS JAMAIS JE NE TOUCHE-RAI UN VOLANT.... ÇA M'EST NÉFASTE!

GAW

TIENS! LA PLAQUE... MAIS.... CE N'EST PAS MON NUMÉRO!?

QUINZE JOURS PLUS TARD, LA MAISON DE SPIROU ET FANTASIO. LE GARAGE EST VIDE...

...HÉ OUI, SECCOTINE! LA VOITURE ÉTAIT RÉDUITE EN MIETTES...LES MORCEAUX ÉPARPILLÉS SUR PLUSIEURS CENTAINES DE MÈTRES...OUI, OUI...UNE ENQUÊTE...

...UN CERTAIN IBN-MAH-ZOUD...UN AUTHENTIQUE ROI DU PÉTROLE...IL SE SERAIT TROMPÉ DE VOITURE, INDEMNE, C'EST INOUÏ!...NON...NON, LE SOIR MÊME IL RENTRAIT D'URGENCE DANS SON PAYS, IL Y AVAIT UN COUP D'ÉTAT JE NE SAIS QUOI...ÉVIDEMMENT, NOUS AVONS ÉCRIT...DEUX FOIS...NON...

SI C'EST SECCOTINE, IL FAIT BIEN DE S'ASSEOIR IL EN A POUR UNE HEURE OU DEUX ....

...OUI...BAH, SOYONS OPTIMISTES...NOUS IRONS À PIED....LA TURBOTRACTION, C'ÉTAIT UN PEU TROP BEAU.....NOUS FAISONS DES ÉCONOMIES....OUI...UN JOUR, NOUS AURONS UNE 2CV CITROËN...

ET PATATI, ET PATATA...ET BLABLABLI ET BLABLABLA

'SOIR SPIROU.....DIS DONC, SIDONIE A PENSÉ AU SOUPER ?....JE MANGE UN MORCEAU EN VITESSE.....J'AI ENCORE UN TRAVAIL FOU, CE SOIR...

BONSOIR... MAIS QUEL EST CE MYSTÈRE, À LA FIN ?...

QUEL EST CE TRAVAIL SECRET QUI T'OCCUPE TANT, DEPUIS DIX JOURS, HMM ?....POURQUOI AS-TU DESSINÉ DES KILOS DE PLANS INCOMPRÉHENSIBLES ?

AAAH, HÉHÉHÉ ! SURPRISE ! HIHIHIHI !

HÉ, SPIROU ! LA SURPRISE EST POUR DEMAIN !

QUAND TU AS CET AIR DE GÉNIE RAYONNANT, JE REDOUTE LES PIRES LOUFOQUERIES....

LE LENDEMAIN

CRÂCRÂPLOUP

QUEL EST CE BRUIT ÉPOUVANTABLE ?

SPIROU, À NOUVEAU, NOUS AVONS UNE VOITURE !

ÇA ?! OH NON !

JE M'ATTENDAIS À UNE FANTAISIE, MAIS JE NE TE SAVAIS PAS CAPABLE DE TELLES CLOWNERIES, TU COMPRENDS ? COMBIEN AS-TU PAYÉ CE...

MINUTE, SPIROU ! NE PARLE PAS SANS SAVOIR

AAAH NON !

LE JOUR DU CARNAVAL, D'ACCORD ! MAIS EN TEMPS ORDINAIRE, JAMAIS ON NE VERRA SPIP À BORD DE CE MACHIN

KSSSiii
KSSSiii

...NOUS DÉCIDONS D'ATTENDRE LE TEMPS QU'IL FAUDRA POUR ACHETER UNE 2 CV, ET VOILÀ COMMENT TU GASPILLES NOS ÉCONOMIES ! JE NE METS PAS LES PIEDS DANS CE STUPIDE FOSSILE !

N'EN DIS PAS DE MAL, C'EST UN SOUVENIR DE FAMILLE !

...MON ONCLE GUSTAVE A ACHETÉ CETTE DE DION-BOUTON...EUH, D'OCCASION...EN 1918.... IL VIENT DE ME L'OFFRIR, DONC NE TE FAIS PAS DE SOUCIS POUR NOS ÉCONOMIES...

GRRRMBLL HMMMBBLL !

IL AURAIT DÛ L'OFFRIR AU MUSÉE ! MOI, JE N'AI PAS CET AMOUR IMMODÉRÉ POUR LES GUIMBARDES DE NOS ANCÊTRES ! JE SUIS DE MON TEMPS, MOI ! ET JE NE ROULE PAS DANS UN SOUVENIR DE FAMILLE !

MINUTE !

CETTE VOITURE, JE L'AI DOTÉE MOI-MÊME DE CERTAINS DISPOSITIFS NOUVEAUX QUI EN FONT UN MODÈLE **D'AVANT-GARDE !**

POUR T'EN CONVAINCRE, JE VAIS TE FAIRE FAIRE UN ESSAI !

NOUS SOMMES BIEN D'ACCORD : J'ESSAYE TA...VOITURE **UNE** FOIS, POUR VOIR CES "DISPOSITIFS D'AVANT-GARDE", MAIS SACHE BIEN QUE PLUS JAMAIS JE NE...

POUF
PAF
CRÂCRÂ PLOUP
TUF

TIENS ? PEUX-TU ME DIRE À QUOI SERT CE TUYAU, LÀ, SUR LE CAPOT ?...

EUH...JE T'EXPLIQUERAI...JE T'EXPLIQUERAI...

...VOIS-TU, SPIROU, J'AI REMARQUÉ QU'AUCUNE VOITURE NE PERMET DE CONDUIRE AVEC POLITESSE ! C'EST UNE GRAVE LACUNE....

...VOICI UN EXEMPLE : J'AI EFFRAYÉ CE SYMPATHIQUE PIÉTON...

METS-TOI À SA PLACE...

...BON, REGARDE VITE DERRIÈRE LA VOITURE, AU-DESSUS DU COFFRE....

...AU MOMENT OÙ MA VICTIME SE RETOURNE POUR EXPRIMER SON MÉCONTENTEMENT, APPARAÎT EN LETTRES LUMINEUSES, L'EXPRESSION DE MES REGRETS COURTOIS...

GGRRRRMMBBILL HMMGRMM?! GRRMB.

...QUELQU'UN ME CÈDE-T-IL LE PASSAGE AVEC GENTILLESSE, J'APPUYE SUR CET AUTRE PETIT BOUTON ...

CLIC

...PAR CONTRE, LORSQUE JE TOMBE SUR UN DE CES SAUVAGES QUI MÉRITENT UNE LEÇON, J'AI CE BOUTON-CI ...

FANTASIO! VEUX-TU BIEN ÉTEINDRE ÇA !!

?!?

OH!...HOHOHOOO?!?
HA HA HA HA!
HEP FANTASIO!

OH!ZUT! C'EST CE RASEUR DE WALTER...ET IL NOUS A VUS! NOUS SOMMES BONS POUR LE BLABLABLA...

ATTENDS! NOUS ALLONS LE SEMER...

TU ES FOU? IL A SON MG SPORT!!!

PRENDS GARDE, FANTASIO! LE SIGNAL DEVIENT ROUGE!

BROM

TIENS! C'EST CURIEUX, JE L'AI VU PASSER DU VERT AU ROUGE!...

CLAC CLAC

CLIC

CLIC

CLAC CLAC CLAC

VOTRE, SPLENDEUR ME PERMETTRA DE LUI PRÉSENTER MESSIEURS SPIROU ET FANTASIO, JOURNALISTES. MESSIEURS, SA SPLENDEUR IBN-MAH-ZOUD, ROI DE.....

IBN-MAH-ZOUT!

OUI...ET JE SUIS SURTOUT LE ROI DES MAL-ADROITS... C'EST MOI QUI AI DÉTRUIT VOTRE TURBOTRACTION, MESSIEURS....

JE VOUS FÉLICITE! PERSONNE N'EST JAMAIS SORTI INDEMNE D'UN TEL ACCIDENT!

MERCI.... MAIS SACHEZ QU'IBN-MAH-ZOUD PAYE LA CASSE, QUAND IL EN A FAIT! MESSIEURS, VOICI **VOTRE VOITURE!**

MAIS.... EUH... VOUS N'Y PENSEZ PAS, EUH...C'EST DE LA FOLIE...

PERSONNE N'A JAMAIS OSÉ REFUSER UN CADEAU D'IBN-MAH-ZOUD!

MAIS, NOUS NE POUVONS ACCEPTER!...

...C'EST BEAUCOUP TROP! NOTRE VOITURE AVAIT UN CERTAIN ÂGE ET....

LA BARBE! TIENS?! C'EST UNE VOITURE, ÇA?!?

DIX MINUTES PLUS TARD.... ...VOUS DITES QU'ELLE NE PEUT DÉPASSER LE 40 KMH!! MAIS! VOILÀ UNE VOITURE QUE JE POURRAIS CONDUIRE SANS DANGER!!

SI VOUS VOULEZ, JE VOUS **L'OFFRE!**

AU REVOIR, MES AMIS! JE SUIS BIEN CONTENT, MERCI BEAUCOUP!!

...RAPPELEZ-VOUS BIEN LE FONCTIONNEMENT DE TOUS LES DISPOSITIFS SPÉCIAUX!...

ET PENSEZ DONC! C'EST NOUS QUI VOUS REMER-CIONS!

SOYEZ PRUDENT!

AHÂÂÂ! MAINTENANT, SOYONS PRUDENT... LE FEU EST ROUGE? BON! NOUS ALLONS CHANGER ÇA!

CLIC! ET LE VOILÀ VERT! PLUS DE PROBLÈME. EXCELLENTE INVENTION!!

CLAC CLAC CLAC

MAIS! IL Y A DONC PARTOUT DE CES VIEUX SCOUTS EN UNIFORME QUI JOUENT DU SIFFLET! ON DEVRAIT INTERDIRE ÇA! JE VAIS LUI APPRENDRE, MOI.....

TRRRRIIIIIT

...À SIFFLER IBN-MAH-ZOUD, GAMIN!

PLATCH

FLOP

OHHOHOOO! JE SENS QUE JE VAIS M'AMUSER, MOI, AVEC CETTE VOITURE EXTRA-ORDINAIRE!...ATTENDS,QUE JE TOMBE ENCORE SUR UN DE CES VIRTUOSES DU SIFFLET!...

TRIPLE

...JE DOIS ÊTRE EN VILLE DANS CINQ MINUTES...VOULEZ-VOUS M'AC-COMPAGNER? JE VOUS EXPLIQUERAI RAPIDEMENT LE MANIEMENT DES COMMANDES....

...EXTRAORDINAIRE SUSPENSION!...

...ET QUEL SILENCE TOTAL! ...ET ELLE BONDIT!!

...ALORS, LA VOITURE EST DÉCAPOTABLE INSTANTANÉMENT. VOUS TIREZ SUR LE PETIT BOUTON, ICI, ENTRE LES SIÈGES, ET VOYEZ: TOUT D'ABORD, LE TOIT RECULE SOUS LA VITRE ARRIÈRE EN UNE SECONDE ...

ZZZ

...ENSUITE, LE TOUT S'ABAISSE SUR LE COFFRE AR-RIÈRE, OÙ LES CÔTÉS DISPARAISSENT...

?

ZZZ

...DÉSOLÉ DE VOUS QUITTER ! VOUS TROUVEREZ DANS LE VIDE-POCHES LES PAPIERS AVEC TOUS LES RENSEIGNEMENTS...

AU REVOIR, ROULEBILLE, ET MERCI !!

...JE PRENDS LE VOLANT !! LE CONTACT ?...OÙ EST-CE ??

LE PETIT BOUTON ROUGE, ICI....C'EST EMBÊTANT, IL Y A UNE FOULE DE CHOSES QU'IL N'A PAS PU NOUS EXPLIQUER....

SPIROU ! J'AI UNE IDÉE FORMIDABLE : POUR RODER LA TURBOT 2, NOUS REPARTONS EN VACANCES !!

MAIS NOS VACANCES SONT PRATIQUEMENT FINIES, MON PAUVRE VIEUX !

BAH ! NOUS SERONS UN PEU EN RETARD....DEUX OU TROIS JOURS...ARRÊTE DONC...DEMI-TOUR ET ALLONS FAIRE NOS VALISES !...

TCHINC BOM

AH ! C'EST VOUS....

Gaston !

...ÇA, C'EST AMUSANT, J'ALLAIS JUSTEMENT CHEZ VOUS....VOTRE TÉLÉPHONE NE RÉPOND PAS...ET LE FURETEUR VEUT VOUS VOIR D'URGENCE...IL Y A UN TRAVAIL FOU AU JOURNAL !

FIN

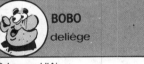

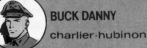

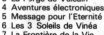